Dr. Herbert Laszlo (Hrsg.)

Glück und Gewerbe

Berichtsband zum

IFEG-Symposion 2008

Freitag, 24. Oktober 2008

Spillern, N.Ö.

IFEG – Institut für europäische Glücksforschung

Verlag Infothek®

Infothek® – Verlag & Literaturwerkstatt, Wien
www.infothek.at

ISBN 978-3-902346-37-7

Produziert bei C&D Copy und Druck Ges.m.b.H., Wien

Programm des Symposions
am Freitag, dem 24. Oktober 2008

14:00 Uhr Begrüßung:
Margarete Kriz-Zwittkovits, Präsidentin des ÖGV
Abg. z. NR. Dr. Hannes Bauer, Präsident des IFEG

14:15 Uhr: Majda Moser: Mehr Raum für Gefühle.

15:00 Uhr: Petra Monika Ruschp: Glück durch Rauf- und Kuschelparties?

= Pause =

16:00 Uhr: Dieter W. Hellepart: Leistungssteigerung durch Freude am Beruf.

16:45 Uhr: Dr. Herbert Laszlo: Glück und Wirtschaft, die neuesten Erkenntnisse.

17:30 Uhr: Diskussion

Ende: 18:00 Uhr

Inhaltsverzeichnis

Vorwort des Herausgebers   5

Mehr Raum für Gefühle   6

Glück durch Rauf- und Kuschelparties?   17

Leistungssteigerung durch Freude am Beruf   27

Glück und Wirtschaft, die neuesten Erkenntnisse   38

Spillern – Eine Heimat für das Glücklichsein   47

Autorinnen und Autoren   48

Vorwort des Herausgebers

Neue Impulse für die Glücksforschung

Das IFEG Symposion 2008 geht gegenüber den Symposien der Vorjahre neue Wege. Erstmals kommen jene Leute zu Wort, die Glücksberatung mit einem Gewerbeschein als Lebens- und Sozialberater anbieten. Dieses Gewerbe umfasst allein in Wien 535 Gewerbetreibende, deren primäre Aufgabe es ist, ihrer Klientel zu einem gelungenen, glücklichen Leben zu verhelfen.

Die Vorträge des heurigen Symposions vermitteln nicht nur Denkanstöße wie in den vergangenen Jahren. Die meisten Personen, die hier vortragen, kann man für die eigene Lebensberatung engagieren.

Das Publikum des heurigen Symposiums besteht nicht nur aus Personen, die selbst glücklich werden wollen. Die Veranstaltung richtet sich auch an Unternehmen, die mit Hilfe der Glücksforschung – und mit Hilfe der Vortragenden – ihren Erfolg auf den Märkten verbessern wollen.

Das gilt sowohl für das Marketing, als auch für den Personalmarkt, wo der „Krieg um Talente" immer härter wird.

Besonders zu begrüßen sind die Mitglieder des Österreichischen Gewerbevereins, denen die kostenlose Teilnahme über eine Aussendung des Generalsekretärs ermöglicht wurde. An sie richten sich die Angebote der Vortragenden und die Informationen, die für den Gebrauch im betrieblichen Bereich gedacht sind.

Eine Neuheit ist der Berichtsband, der dank der Manuskripte der Vortragenden bereits bei Beginn des Symposions zur Verfügung steht.

Majda Moser

„Mehr Raum für Gefühle"

Gefühle geben uns Orientierung und Motivation.

In unserem inneren Erleben drückt sich die Lebensenergie durch unsere Gefühle aus. Damit sind vor allem die starken Gefühle gemeint, wie Freude, Liebe, Angst, Trauer, Ärger oder Wut, bei denen wir ein verstärktes Erleben, eine gewisse Erregung oder zumindest eine innere Bewegung verspüren und die uns drängen, etwas zu tun oder zu unterlassen.

Diese Gefühle sind vielschichtig und uns seit Urzeiten mitgegeben. Sie steuern mit großer Macht unser Erleben und unser Verhalten. Dabei richten sie sich vorwiegend auf das, was uns umgibt, was wir unmittelbar wahrnehmen, vor allem auf unsere Mitmenschen.

Gefühle geben uns Orientierung durch die Möglichkeit, Menschen und Ereignisse spontan zu bewerten. Gefühle lassen uns spüren, dass wir mit dem Leben verbunden sind. Wenn wir unsere Gefühle wahrnehmen und ihnen erlauben, sich in uns auszubreiten und sich nach außen hin auszudrücken, können wir' uns spontan und lebendig erleben. Der „Gefühlsmensch" neigt tendenziell zur Raschheit, zur Aktivität, zur Spontaneität und Impulsivität, im Extremfall zur Hemmungslosigkeit. Die Gefühlswelt stellt sich daher als dynamisch dar.

Im Gegensatz dazu ist der Verstand Zügel und Korsett der ihrer Natur nach zügellosen Emotionalität. Er sorgt dafür, dass den Gefühlen durch vernünftige Selbstbeschränkung die Grenzen gesetzt werden, die das gedeihliche menschliche Zusammenleben in einer strukturierten Gesellschaft überhaupt erst ermöglichen.

Der „Kopfmensch" neigt tendenziell zur Vorsicht, zur umfassenden Überprüfung sämtlicher Voraussetzungen seines Handelns, zum zögerlichen Vorgehen und damit – jedenfalls im Vergleich zum „Gefühlsmenschen" – zur Passivität, zu einer Überbewertung des Verstandes und damit automatisch zu einer – oft übermäßigen – Eingrenzung der Gefühlswelt („Ich zeige keine Gefühle! Ich lasse nicht in mich hineinschauen!"), die zur Erstarrung und im Extremfall zur Erstickung des Gefühlslebens führen kann. Die Verstandeswelt erweist sich damit als statisch orientiert.

Da bekanntermaßen jedes Extrem von Übel ist, weil es sich nicht ohne Schaden für den Menschen praktizieren lässt, brauchen wir die Ausgewogenheit von Gefühl und Verstand, die Balance zwischen Kopf und Bauch – nach der wir alle bewusst oder unbewusst suchen.

Aber wie finden wir sie?

Das Zauberwort heißt: EMOTIONALE INTELLIGENZ.

Was ist darunter zu verstehen?

Emotionale Intelligenz ist eine andere Art von Klugheit, eine sozial orientierte Klugheit.

Sie dient der Verbesserung der zwischenmenschlichen Beziehungen und davon ausgehend im Weiteren der Verbesserung des gesellschaftlichen Zusammenlebens, weil sie über das Verständnis für den Mitmenschen zur Toleranz den Mitmenschen gegenüber führt.

Die 5 Komponenten der Emotionalen Intelligenz sind:

1./ Wissen, wer man ist – die antike Forderung nach (möglichst weitgehender Selbsterkenntnis, die die Grundvoraussetzung für die Einnahme einer realitätsentsprechenden Perspektive ist;

2./ die eigenen Gefühle erkennen und durch gesunde Entscheidungen im Leben einsetzen – die richtige Antwort auf die wichtige Frage: „Wohin treiben mich meine Gefühle in dieser konkreten Situation?" erhalten und die Fähigkeit erlangen, daraus mit Hilfe des Verstandes die richtige Konsequenz für das eigene Handeln zu ziehen;

3./ Stimmungen und Gefühle wie Angst und Wut wirkungsvoll steuern – nicht mehr der macht- und einflusslose Spielball der eigenen Gefühle sein, sondern sich zum Herrn der eigenen Gefühlswelt aufschwingen und damit die Fähigkeit erlangen, jederzeit und in jeder Situation den Überblick und die Möglichkeit zur realistischen Einschätzung der Lage zu bewahren;

4./ durch Selbstmotivation hoffnungsvoll bleiben, vor allem dann, wenn man gerade einen Rückschlag erlitten hat – die Arbeit an einer optimistischen und selbstbewussten Grundeinstellung, an der prinzipiell festzuhalten ist. Diese ist die wirkungsvollste Waffe gegen destruktive Gefühlslagen wie Frustration und Depression, die Einbahnstraßen in den Verlust des Selbstwertgefühls, die Leistungsfeindlichkeit und damit in die Einsamkeit des Versagers sind.

5./ Empathie: die Fähigkeit, sich in anderer Leute Standpunkte einzufühlen, d.h. soziale Geschicklichkeit in zwischenmenschlichen Beziehungen durch Verständnis auch für nicht geteilte Standpunkte – diese Kunst macht zum absoluten Sympathieträger, dem sich alle Herzen und Türen öffnen.

Ein Grundpfeiler emotionaler Intelligenz ist die Fähigkeit, sich seiner Gefühle in dem Augenblick bewusst zu sein, in dem sie auftreten – sich also jederzeit darüber klar zu sein, was man im Moment empfindet, weil nur die Erkenntnis des eigenen Fühlens die Möglichkeit eröffnet, die eigenen Reaktionen und Handlungen prompt in wohlverstandener Bedachtnahme auf Bestrebungen, Empfindungen und Bedürfnisse des jeweiligen Gegenübers – ferne von Hemmungs- oder Zügellosigkeit – sachgerecht einzurichten. Das Ergebnis der Auseinandersetzung und der Kontrahent selbst werden es Ihnen danken. Sie werden Sympathien erwerben und dazu wird man wird Sie als erfolgreichen und überlegenen Verhandler anerkennen.

Menschen, denen es gelingt, ihre eigenen Gefühle in diesem Sinne wahrzunehmen, zeichnen sich durch eine gewisse Kultiviertheit im Umgang mit ihren Gefühlen aus. Sie sind sich ihrer eigenen Grenzen bewusst, seelisch stabil und haben eine positive Lebenseinstellung, die der beste Garant für physische und psychische Gesundheit ist. Ihre Achtsamkeit hilft ihnen, mit ihren eigenen Emotionen im eigenen und im fremden Interesse richtig umzugehen.

Menschen hingegen, die von ihren Emotionen überwältigt werden, sind diesen hilflos ausgeliefert, bloß Spielball ihrer eigenen Gefühle und damit zu einer sachgerechten und vernünftigen Aktion oder Reaktion unfähig. Wie die Erfahrung zeigt, werden Menschen dieser Art von ihrer Umgebung nicht hoch geachtet und als unberechenbar eingeschätzt („Wann dreht er denn das nächste Mal durch?"). Sie genießen jedenfalls nicht das Vertrauen, eine schwierige Situation bewältigen zu können oder in einer solchen ein verlässlicher Partner zu sein – man traut es ihnen einfach nicht zu.

In der wissenschaftlichen Emotionspsychologie herrscht bis heute keine Einigkeit darüber, wie viele Emotionen es eigentlich gibt und wie genau diese voneinander abzugrenzen sind.

Doch für einige Kategorien sind die Abgrenzungen relativ klar. Hier gibt es ausreichend gesicherte wissenschaftliche Erkenntnisse. Diese Emotionen, ihre Auswirkungen auf den Zustand des Glücklichseins einerseits und die Gestaltung des Arbeitsumfeldes andererseits und den Zusammenhang zwischen beiden will ich Ihnen im Folgenden näher bringen.

1./ Angst:

Angst ist ein besonders häufig untersuchtes Phänomen. In meiner Praxis suchen mich immer mehr Menschen mit Panikattacken auf.

Die Angst – insbesondere der unkontrollierbare Angstzustand – stellt sich durch das kontinuierliche Ansteigen der Zahl der davon Betroffenen als vordringliches Problem dar.

Angst ist eines der unangenehmsten Gefühle des Menschen, dessen besondere Problematik für den Betroffenen darin besteht, dass es sich vom Verstand nicht beherrschen lässt.

Angst zeigt sich in körperlicher Erregung, im Verhalten und im Gesichtsausdruck des Betroffenen.

Ängste sitzen in allen nur möglichen Stellen des Körpers, in den Knochen, im Nacken, im Hals. Angstbearbeitung heißt daher in vielen Fällen, flexibel zu werden, beweglich, und das ist durchaus auch körperlich gemeint. Die sprachliche Wendung „starr vor Angst" ist keine Floskel, sondern eine Erfahrungstatsache in Kurzform.

Tatsächlich geht Angst mit Erstarrung Hand in Hand, weil sie sich auf jede Veränderung, also letztlich auf das auf den Betroffenen möglicherweise zukommende Unbekannte bezieht, welches die – wenn auch nur scheinbare – Sicherheit des Gewohnten zerstört. Der von Angst – insbesondere irratonaler

Angst, wie sie Panikattacken üblicherweise zugrunde liegt – befallene Mensch ist jeder auf ihn zukommenden Anforderung verschlossen und damit im Extremfall aktionsunfähig.

Jedenfalls aber ist er in seiner Leistungsfähigkeit schwer beeinträchtigt, weil er nicht in der Lage ist, sich auf seine Aufgabe zu konzentrieren, sondern sein Augenmerk von seiner Angst beschlagnahmt ist. Der Betroffene merkt das natürlich früher oder später selbst mit der Folge, dass er sich als Versager fühlt, dass sein Selbstwertgefühl schwindet und er selbst häufig in den Krankenstand verschwindet, um sich dem auf ihm lastenden permanenten Druck wenigstens zeitweilig zu entziehen – zum eigenen Schaden, zum Schaden seines Arbeitgebers und zum Schaden der Gesellschaft.

Schon in der Antike war bekannt, dass nur in einem lebendigen, fühlenden und flexiblen Körper ein lebendiger kreativer Geist wohnen kann. Heute ist man zur Erkenntnis gelangt, dass der Körper Ausdruck der persönlichen Lebensgeschichte eines Menschen und innerkörperliche Erfahrung die Basis für höhere Bewusstseinsprozesse ist.

Ängste, Fehlhaltungen, Schmerz und Krankheit werden heute als Signale, als Hilferufe des Organismus, verstanden. Diese moderne Auffassung hat die Möglichkeit zur Umwandlung dieser negativen und leistungsfeindlichen Zustände eröffnet. Als eingefahrene in ihren jetzigen Lebenssituationen blockierende emotionale Muster und Einstellungen können sie durch Bioenergetik, Atem- und Energiearbeit aus verspannten Körperzonen herausgelöst und bewusst gemacht und in der Folge aufgelöst werden.

Dieselbe Energie, die zuvor den Organismus in Spannung, Unglücklichsein und Missstimmung, insgesamt also in einem Zustand der Negativität gefangen gehalten hat, wird plötzlich zur Quelle von Lebensfreude, Kreativität und Aktivität, und damit letztlich von erhöhter Leistungsfähigkeit im beruflichen und im privaten Bereich. Freude an der eigenen Leistung und der eigenen Leistungsfähigkeit entsteht und drängt nach immer neuer Bestätigung durch eigenes Tun – zum eigenen Vorteil, zum Vorteil des Arbeitgebers und letztlich der Gesellschaft, deren Bestand von einer ausreichenden Anzahl gesunder, leistungsfähiger und leistungsbereiter Mitglieder abhängt.

2./ Freude:

Was aber ist Freude?

Im Vergleich zu anderen Emotionen besitzt Freude das höchste Maß an Lust. Gleichzeitig gehen mit Freude ein hohes Selbstbewusstsein und ein Gefühl der Gelöstheit und Entspannung einher. Freude ist eines der schönsten Gefühle, die der Mensch kennt. Nicht umsonst hat schon der deutsche Klassiker Schiller in seiner Ode an die Freude diese als „schönen Götterfunken" bezeichnet.

Außerdem gilt: In der Freude ist man aufmerksam und konzentriert und schon deshalb insgesamt leistungsfähig. Vor allem aber erlebt sich der Mensch im Zustand der Freude selbst im Mittelpunkt seiner Vitalität, im Bewusstsein seiner Kraft und seines Selbstwertes und schöpft daraus das für seine körperliche und seelische Befindlichkeit so wichtige positive Selbstwertgefühl – letztlich die Quelle seiner permanenten Leistungsfähigkeit.

In einer umfangreichen Untersuchung über das Glück von Rosemarie Hoffmann wurde eine Reihe das Glückserleben charakterisierender Faktoren entdeckt, so etwa die Nähe und Verbundenheit mit anderen Menschen, Vertrauen und Liebe, tiefe innere Ruhe und die Lust unmittelbarer Empfindungen, Stille und übermütige Heiterkeit, Innigkeit, religiöse Einsichten, die Aufhebung der Zeit als Dauer und die Bejahung des

Lebens. Ich füge dieser Aufzählung als weiteren wesentlichen Glücksfaktor die Freude an der eigenen Leistung an.

Wie ersichtlich, wird letztlich eine klare Unterscheidung zwischen Freude und Glück auf Grund der Untersuchung von Rosemarie Hoffmann nicht durchzuführen sein. Vielleicht ist Glück lediglich als höchste Steigerung von Freude aufzufassen? Wenn das so wäre, müsste Glück ein geradezu ekstatischer Zustand sein, denn Freude ist hochemotional und damit ein Erregungszustand, der als Freude an der eigenen Leistung zum stärksten Motiv für die Leistungserbringung wird.

Der emotional intelligente und vorausschauende Arbeitgeber wird alles daran setzen, die Freude seiner Mitarbeiter an der eigenen Leistung zu fördern – zum eigenen Vorteil und zum Vorteil seiner Leute, für die er Verantwortung trägt, und er wird damit die hohe Auszeichnung erwerben, ein sozialer Arbeitgeber zu sein. Der Unternehmer ist hiermit gefordert, für sich und für seine Mitarbeiter dadurch eine „Win-win-Situation" zu schaffen, dass er die Freude seiner Mitarbeiter an der eigenen Leistung, die dem Unternehmen zugute kommt, am Leben erhält und mit allen zur Verfügung stehenden Mitteln fördert.

Mit vielen Autoren bin ich der Meinung, dass Glück ein statischer Zustand der Ruhe und Abgeklärtheit ist und sich begrifflich mit der dynamischen Freude nicht deckt. Beiden ist jedoch gemeinsam, dass sie zum Schönsten gehören, was ein Mensch erleben kann.

Am deutlichsten treten Angst, Freude und Glück in der Mimik, dem unmittelbarsten Körperausdruck des Menschen, zutage.

„Mit Angst umgehen", „etwas aus einer anderen Perspektive betrachten", „vor Freude springen" oder „vor Glück strahlen" – diese und viele weitere Formulierungen sind nicht zufällig körper- oder bewegungsbezogene Sprachbilder. Alles, was uns im Leben widerfährt, beantworten wir mit Bewegung. Auf jedes Erlebnis, das wir haben, auf jeden Bissen, den wir zu uns nehmen, reagieren wir mit unserem Körper und unserer Seele in tausendfacher Weise – positiver oder negativer – wobei es an uns liegt, die Art und Weise unserer jeweiligen Reaktion zu bestimmen.

Wesentlich ist hier folgendes:

Wer Angst hat, ist nicht glücklich und kann es nicht sein.

Die Angst ist eines der wesentlichsten Hindernisse auf dem Weg zum Glücklichsein.

Wer Freude hat, ist auf dem Weg zum Glück.

Die Freude ist eine wesentliche Voraussetzung für die Erreichung des Zieles auf dem Weg zum Glücklichsein.

Die Freude an der eigenen Leistung schafft Selbstwertgefühl und ist die stärkste Triebfeder zu weiterer Leistungserbringung – und hält gesund. Der leistungsorientierte Mitarbeiter im Vollgefühl seiner Arbeitskraft und Leistungsfähigkeit hat keinen Grund, zur Druckvermeidung in den Krankenstand zu flüchten.

3./ Glück:

Was ist eigentlich Glück?

Überlegen Sie einmal, in welchen Situationen Sie wirklich glücklich waren.

Wenn ich diese Frage in meinen Seminaren stelle, bekomme ich zur Antwort: „Auf meiner Hochzeit", „bei der Geburt

14

meiner Kinder", „nach der bestandenen Prüfung", „bei der Gehaltserhöhung" etc. Wenn ich dann genau wissen will, warum jemand in diesen Situationen glücklich war, bekomme ich nach einigem Überlegen die in etwa immer gleiche Antwort:

„Ich hatte das Gefühl, dass mir niemand mehr etwas anhaben kann". Das bedeutet im Wesentlichen nichts anderes als: „Ich hatte keine Angst mehr, ich hatte Vertrauen zu mir selbst und in mein Leben".

Ich glaube, dass es das höchste Glück des Menschen ist, fähig zu sein, Ängste loszulassen.

Dazu kann effizient geholfen werden:

Eine Erfahrungstatsache ist, dass dort, wo Freude ist, Angst nicht sein kann, weil Freude und Angst unvereinbar sind. So scheint mir, dass die Schaffung von Freude zumindest ein Weg zum Glück ist, dessen größter Vorteil darin liegt, dass er unserer Einflussnahme zugänglich ist. Wir können Freude machen, das heißt, wir können Ängste auflösen und können den Mitmenschen einen Weg zum Glück weisen.

Das Streben nach Glück erfordert daher unabdingbar die Beseitigung der Angst in allen ihren Erscheinungsformen. Glücklichsein heißt also angstfrei sein, was durch die Schaffung eines Zustandes der Freude bewirkt werden kann, womit Glück und Freude vielleicht sogar ineinander übergehen.

Konklusion:

Die Voraussetzungen zur Freude an der eigenen Leistung können geschaffen werden.

Diese sind:

a./ die Erstellung eines ehrlichen persönlichen Stärke – Schwächeprofils,

b./ die Auffindung des Zuganges zu den eigenen Gefühlen und der Erwerb der Fähigkeit, diese zu steuern,

c./ die Erreichung der optimalen Balance zwischen Gefühl und Verstand durch konsequentes Training des Einfühlungsvermögens (Empathie)

Ganz wichtig ist, dass die Menschen lernen, ihre eigenen Emotionen anzunehmen, damit sie kompetent mit ihnen umgehen können, denn:

Erst das richtige Zusammenspiel kognitiver und emotionaler Fertigkeiten macht einen Menschen sowohl im privaten als auch im beruflichen Bereich erfolgreich.

Im konkreten Zusammenhang setzen wir das durch die folgende Erkenntnis um:

In Wirklichkeit gibt es nur ein Kapital des Unternehmers, und das sind seine leistungsstarken und leistungsmotivierten Mitarbeiter.

Dieses Kapital schafft sich der Unternehmer selbst dadurch, dass er die Freude seiner Mitarbeiter an der eigenen Leistung dadurch fördert, dass er den richtigen Mitarbeiter auf den richtigen Platz setzt, also den, an dem sich die Freude des Mitarbeiters an der eigenen Leistung am besten entwickeln kann.

Petra Monika Ruschp

Glück durch Rauf- und Kuschelparties?

Viele von Ihnen werden sich jetzt sicher fragen: Was sind denn Rauf- und Kuschelparties und was haben die denn auch noch mit MEINER FIRMA, DEM JOB UND GLÜCKLICH SEIN zu tun?

Im Nachfolgenden möchte ich Ihnen ein paar Einblicke und Eindrücke ermöglichen, damit Sie darauf eine fundierte Antwort erhalten und sich selbst ein Bild machen können.

Beginnen möchte ich mit einem Zitat aus dem Buch: „Der kleine Knuddeltherapeut"[1] von Kathleen Keating:

„Streicheleinheiten sind nicht nur etwas Schönes. Wir brauchen sie. Wissenschaftliche Untersuchungen bestätigen, dass die Stimulation, die wir über Streicheleinheiten erfahren, für unser körperliches und seelisches Wohlbefinden absolut notwendig sind.

Therapeutische Berührungen sind inzwischen auch ein wesentliches Instrument innerhalb der heilenden Berufe. Sie werden eingesetzt, um Schmerzen, Depressionen und Ängste zu lindern, den Lebenswillen der Patienten zu stärken und die Wachstums- und Entwicklungschancen von Frühgeborenen in Inkubatoren zu fördern.

Verschiedene Experimente haben gezeigt, was Streicheleinheiten alles bewirken können:

---

[1] Kathleen Keating: Der kleine Knuddeltherapeut, rororo Taschenbuch, Berlin 2006. ISBN 978-3-499-24250-2. Unter „Knuddeln" versteht die Autorin angenehme körperliche Berührungen.

- Wir fühlen uns besser und empfinden auch unsere Umgebung als angenehmer.

- Sie fördern die sprachliche und intellektuelle Entwicklung von Kindern …

- … und führen zu messbaren physiologischen Veränderungen bei dem, der knuddelt und bei dem, der geknuddelt wird.

Wir fangen erst an, die Möglichkeiten der Knuddeltherapie zu verstehen. Es gibt zwar viele Arten von Streicheleinheiten, aber unserer Meinung nach ist Knuddeln – also eine liebevolle Umarmung ohne sexuelle Konnotation – etwas ganz Besonderes.

In den Arm genommen zu werden ist einer der sichersten Wege, gesund zu werden und gesund zu bleiben."

Menschen sind ja auch im Job vor allem Menschen und keine Maschinen. Und glückliche, ausgeglichene Menschen bringen kontinuierlicher gute Leistungen als Menschen, denen Streicheleinheiten und damit auch die nötige Anerkennung, fehlen. Das kennt sicher jeder von sich selbst am besten, nicht wahr!?

Hiezu passt eine Textzeile von Herbert Grönemayer sehr gut:

„… und der Mensch heißt Mensch
weil er irrt und weil er kämpft
und weil er hofft und liebt,
weil er mitfühlt und vergibt

und weil er lacht
und weil er lebt … „

Wir leben heute in einer Single-Gesellschaft. Immer mehr Menschen leben alleine, ob gewollt oder ungewollt, und sehr viele Menschen sind einsam und darüber unglücklich. Auch leben immer mehr allein erziehende Menschen unter uns.

Im Internet boomen die Singlebörsen; die Angebote reichen vom Fastdating bis zur Flirtschule und werden auch gut besucht, denn wer ist schon gerne alleine!?

Wer einsam ist, der macht bei der Partnersuche oftmals Kompromisse, die sich auf eine spätere Partnerschaft negativ auswirken können. Andererseits kann Ungeduld einen potenziellen Partner abschrecken.

Dazu kommt noch, dass wir in unserer Gesellschaft Berührung und Nähe fast nur noch über die Sexualität erleben.

Genau hier setzt das Konzept der Rauf- und Kuschelparties (R+K-P) an.

R+K-P sind soziale Events für Erwachsene, wo sie ihr Bedürfnis nach Berührung und Kuscheln in einer nicht-sexuellen Atmosphäre leben können. Wir kreieren einen sicheren Raum, in dem es möglich wird, Themen wie Berührung, Nähe und Kontakt spielerisch zu erforschen und sich darüber auszutauschen. Körperliche Nähe nährt und bereichert uns und schenkt das Gefühl des Geliebt- und Willkommensein.

Das Wunderbare an der Rauf- und Kuschelparty ist ja auch, dass jeder Mensch – sofern er es möchte – umarmt wird, einfach weil er da ist! Er muss dazu weder einer bestimmten Partei, Religion oder sonstigen Gruppe angehören, es genügt, dass er da ist. Jede/r ist willkommen und zwar genau so wie er oder sie gerade ist. Das zu erleben, ist eine wunderbar nährende Erfahrung!

Wenn Sie Unternehmer, Teamleiter oder Personalchef sind, habe ich auch einige interessante Anregungen für Sie:

Rauf- und Kuschelparties können natürlich auch zur Team-Entwicklung eingesetzt werden; besonders, wenn ein neues Team sich erst kennen lernen und aufeinander einspielen muss, oder auch, wenn ein Projekt besonders gut gelungen ist, als eine Art „Belohnung". Hier kann man erst mal den überschüssigen „Dampf ablassen" und dann einander in aller Freundschaft begegnen und sich wieder umarmen. Einfach ideal zum positiven STRESSABBAU! Das wirkt sich natürlich auch auf die weitere Zusammenarbeit positiv aus – vor allem, wenn sich die Führungsriege des Unternehmens nicht ausnimmt, sondern aktiv mit dabei ist.

Interessante Möglichkeiten sehe ich auch bei der Verbesserung des Betriebsklimas insgesamt, aber auch, wenn z.B. Mobbing im Betrieb ein – leider oft unangesprochenes Thema – ist. Wenn eine echte Mensch-zu-Mensch Begegnung ermöglicht wird, bei der der Spaß und die Freude und der positive Austausch vorherrschen, wie soll ich dann noch „mobben" können oder auch nur wollen?

Wichtig zu erwähnen ist auch noch: Es gibt bei der Rauf- und Kuschelveranstaltung kein MUSS sondern immer eine Möglichkeit – eine Einladung! Wir haben auch ein so genanntes „AUS-Platzerl", in Wien sagt man LEO dazu, wo man sich bei Bedarf auch mal zurückziehen und das Geschehen von außen betrachten kann.

Am besten, ich lasse Sie das einfach einmal kurz selbst erleben. Vorsicht, Du könntest Dich so glücklich fühlen wie auf einem bunten Regenbogen!

Diese Veranstaltung gibt Dir die Gelegenheit, Deine Grenzen kennen und spüren zu lernen. In einem vertrauensvollen Rahmen hast Du die Gelegenheit mit Deiner Kraft und Deiner Sanftheit zu experimentieren, mit Nähe und Distanz; immer in der Achtsamkeit mit Dir und Deinem Gegenüber. Es treffen sich hier Menschen aus allen Schichten und jeden Alters, die einander liebevoll und wertschätzend begegnen wollen, die dabei Spaß-Raufen, Lachen, Tanzen und vor allem gaaanz viel Kuscheln möchten.

Nach so einem Abend/Nachmittag gehst Du seelisch und körperlich genährt und mit glücklich strahlenden Augen nach Hause!

Faszination des Kuschelns

Ich bin begeistert von den faszinierenden und berührenden Kontakt- und Begegnungs-Möglichkeiten, die die Rauf- und Kuschelpartys bieten. Meine bisherigen Erfahrungen bei verschiedenen Rauf- und Kuschelparties haben mich überzeugt: Ja, Rauf- und Kuschelparties funktionieren. Sie sind eine wunderbare Einrichtung. Besonders in den großen Städten erleichtern sie, Barrieren zu anderen Menschen zu überwinden und echte, tiefe Kontakte zu finden.

Mich berührt die Bereitschaft vieler Teilnehmer, sich offen und unsicher zu zeigen, so dass echte Begegnung stattfinden kann. Viele Frauen und Männer sind froh über diese Möglichkeit, in einem geschützten Rahmen neuartige Erfahrungen mit Nähe, Körperkontakt und Berührung zu machen.

Ich halte Rauf- und Kuschelpartys für eine wirkliche Innovation, die für viele Menschen in unserer Gesellschaft, besonders natürlich für Singles, neue Horizonte öffnen kann.

Ich freue mich, Sie auf einer unserer Partys zu begrüßen. Wir wollen uns an diesem Abend wieder an das unschuldige, kindliche SEIN erinnern, das uns erlaubt, Nähe, Berührung und Liebe auszutauschen, ohne sexuelle Absichten.

Meine Gedanken zum Raufen:

Diese unschuldige Balgerei, das zarte Herantasten an den anderen, seine/meine Stärken, Schwächen, Grenzen erfühlen, sich daran messen, reiben und ausprobieren ist eine wunderbare Selbsterfahrung. Es geht um Nähe, Distanz und Grenzen, dabei um Ehrlichkeit und Klarheit, um Transparenz und offene Kommunikation. Oft ganz ohne Worte, dafür mit viel Keuchen und Stöhnen, fast wie bei einem Tennisspiel, nur mit mehr Spaß und sehr viel mehr Lachen!

Ja, dabei kommt man schon ins Schwitzen und arbeitet sich, nicht nur körperlich, sondern auch seelisch, von belastenden Gedanken und Erlebnissen frei. Eine mögliche Form der Seelenhygiene und des positiven Stressabbaus. Raufen macht Spaß und baut Anspannungen und Aggressionen spielerisch ab. Das macht dann erst richtig frei für ausgiebiges, entspanntes Kuscheln und Umarmen.

Meine Gedanken zum Kuscheln:

Berühren und berührt Werden sind menschliche Grundbedürfnisse. Der Austausch von Körpernähe und Zärtlichkeiten beruhigt und gibt uns das gute Gefühl von Nähe, Wärme und Geborgenheit.

Es ist inzwischen allgemein bekannt, dass Babys und Kleinkinder Streicheleinheiten brauchen, um sich normal und gesund zu entwickeln. Wesentlich weniger bekannt ist jedoch, dass Ähnliches auch für Erwachsene gilt. Wir sind nachweislich glücklicher und zufriedener in unserem Leben, wenn wir ausreichend Kuscheln und Berührungen erhalten. Entspannen und Auftanken ganz ohne sexuelle Hintergedanken, das kann auch für langjährige Paare ein sehr schönes und bereicherndes Erlebnis sein.

Besonders gerne biete ich diesen geschützten Rahmen aber allein erziehenden Menschen und Singles an, da diese oft ein sehr großes Manko an Umarmungen, Zärtlichkeiten und Nähe haben. Wenn dieses wieder aufgefüllt ist, geht Mann oder Frau den Alltag viel gelassener an, was für Eltern, wie Kinder eine große Erleichterung darstellt.

Auch bei der Partnersuche fällt die Verkrampfung ab, denn wenn ich mich genährt fühle und entspannt bin, fallen echte Begegnungen wesentlich leichter, als wenn ich unter Strom stehe und dringend eine/n Partner/in suche! Also, egal ob Kuscheltiger, Kuschelbär oder Kuschelmaus, Du bist herzlich willkommen!

Was Rauf und Kuschelpartys für mich ganz persönlich noch sind:

- Friedensarbeit
- Lustvoller Stressabbau
- Seelische Gesundheitsvorsorge
- Effektive Heilungsarbeit zwischen Mann und Frau
- Ein Platz für das Kind in mir um einfach mal wieder so richtig herrlich albern sein zu können (siehe Polsterschlacht) ;-)))
- Eine Tankstelle für Glücksgefühle
- Sexuell erwartungsfreies Genuss-Kuscheln
- Ein Platz, um neue Freunde kennen zu lernen
- Freude
- Nähe
- Geborgenheit
- Spaß mit Freunden
- Wärme
- Freundschaft und gelebte Liebe

Was Rauf- und Kuschelpartys NICHT sind:

Eine Rauf- und Kuschelparty ist keine Singleparty! Es besteht kein Anspruch darauf, auf einer Rauf- und Kuschelparty den Traumpartner kennen zu lernen! Wenn sich am Ende der Party das eine oder andere Paar gefunden hat, so ist das wirklich toll und wir freuen uns sehr darüber, doch das ist nicht der eigentliche Sinn einer Rauf- und Kuschelparty!

Es geht nur ums Raufen und Kuscheln, nicht ums flirten, anbaggern, anmachen. Wir können nicht garantieren, das es immer einen ausgewogenen Anteil von Frauen und Männern gibt und außerdem: Was spricht dagegen, wenn Männer mit Männern und Frauen mit Frauen kuscheln?

Auch vom Alter her, wird's wohl eher schwierig mit dem Traumpartner, denn das Alter der Gäste reicht von Anfang 20 bis Mitte 60!

Zum Schluss lese ich Ihnen noch Feedback von TeilnehmerInnen vor, denn am besten erzählen doch die TeilnehmerInnen selbst darüber, wie sie sich nach einer Rauf- und Kuschelparty gefühlt haben!

„MEIN Empfinden kann ich mit folgenden Worten wiedergeben: Ich war wirklich sehr angenehm überrascht. Es war ein wunderschöner Abend, an dem ich Nähe und Berührung in einer sehr wertschätzenden Form erleben durfte. Die Atmosphäre des Abends in einem wunderschönen Ambiente, getragen von gegenseitiger Achtung, macht Lust auf die nächste Rauf- und Kuschelparty. Danke Petra, für Deine liebevolle und kompetente Führung." S.E., Dipl. Ernährungsberaterin, 55

„Liebe Petra, hier habe ich gefunden was ich suchte: Begegnungen mit mir selbst und anderen finden statt, die bewegen, aufwühlen, aufheitern und vor allem gut tun! Du führst die

Gruppe sicher und intuitiv, so unterschiedlich wir auch zusammengewürfelt sind, durch die unterschiedlichen Kennenlernphasen & irgendwo zwischen Raufen und Kuscheln ist es einfach nur noch WUNDERBAR! Vielen Dank dafür an dich und Johannes, mit kuscheligsten Grüßen." Andrea, Büroangestellte, 46

Um auch einen Mann zu Wort kommen zu lassen:

„Was! Mit denen soll ich kuscheln?
Mit wildfremden Menschen!
Ja, wie soll denn das gehen?
Na, da lasse ich mich mal überraschen.

Das waren in etwa meine ersten Gedanken bei Beginn meiner ersten Kuschelparty. Meine Teilnahme wurde mit einem tollen Gefühl belohnt, welches ich nicht mehr missen möchte. Ich freue mich nun auf meine fünfte Kuschelparty (raufen tu ich weniger gern)."

„Ich finde, es bringt nichts, wenn man erklärt, wie so eine Rauf- und Kuschelparty abläuft und dann vielleicht auch noch versucht die Gefühle in einem zu beschreiben. Am besten ausprobieren und Vertrauen haben."

„Ich denke oft an Sex. Aber bei einer Kuschelparty hatte ich noch nie ein Verlangen. Weil eben dieses Gefühl der Nähe einfach wunderschön ist." Michael, Gärtner, 35

„Liebe Petra! Seit ich das erste Mal von den Rauf- und Kuschelparties bei Euch gehört habe, war da diese Neugier und Vorfreude in mir. Und gestern war ich zum ersten Mal bei Euch mit dabei und will Euch gerne von ganzem Herzen danken! Wir haben so viel gelacht! Und es war so viel feinfühlige Begegnung und ‚guter Geist' zu spüren, dass ich nachher ganz leicht und wohlgenährt an Herz, Haut und Seele rausgekommen bin. Du, Petra, machst alles mit so viel Sorgfalt und Professionalität, dass ich sicher wieder kommen und Dir auch ‚Leute schicken' werde! Und Johannes als Musik-Meister und Mit-Begleiter hat das ganze noch RUNDER gemacht.

Weiter so! ‚Tragt das Licht weiter!' - wie Eure Vorbilder gemeint haben - denn es strahlt so friedlich und herzvoll!
Mit kuscheligen Grüßen - und leicht zerrauften Haaren
Dr. Sylvia H." , Psychologin, 38

Vielleicht haben Sie ja jetzt auch Lust, etwas Neues auszuprobieren?

- Wollen auch Sie sich mal wieder so richtig gut fühlen?
- Rundum glücklich und zufrieden sein?
- Erleben wie ihre Augen strahlen und leuchten?
- Sich im Einklang mit sich und der Welt fühlen?
- Anderen auf völlig neue Weise begegnen?

Oder wollen Sie speziell für Ihre Firma oder Unternehmen:

- Ihr Betriebsklima verbessern?
- Ein neues Team zur wirklichen Zusammenarbeit motivieren?
- Mobbing im Betrieb vorbeugen?
- Ihr Team für eine besonders gute Leistung belohnen?

Das ist leichter als Sie denken!

Rauf- und Kuschelparties sind die Antwort.

Anmeldungen – natürlich gerne über die Homepage!

Einen schönen Tag wünsche ich Ihnen noch!

Dieter Hellepart

Leistungssteigerung durch Freude am Beruf

Wenn wir uns mit der Arbeitswelt von Menschen in unserer Gesellschaft auseinander setzen wollen, müssen wir uns die Randbedingungen vergegenwärtigen, die diese beeinflussen.

Ausgangslage für Unternehmen:

– Rapide Verlagerungen von Produktionen in der Weltwirtschaft durch sich laufend ändernde Wettbewerbssituationen und Arbeitsangebote
– Restrukturierungen folgen in kurzen Abständen
– Rationalisierungsmöglichkeiten scheinen ausgeschöpft

Wie können wir darauf reagieren?

– Erschließen neuer Märkte
– Schaffung von Produkt-Innovationen
– Cluster-Bildung zur Schaffung neuer Komplettangebote (Gewerbe)
– Restrukturierung als Normalfall einstufen und entsprechend organisieren
– Innovativ und sensibel nach Effizienzsteigerungen suchen

Ein anderer Ansatz, die wirtschaftliche Zukunft zu sehen, ist Leo A. Nefiodows Sicht auf die Kondratjew-Zyklen.

Die Theorie des russischen Wirtschaftswissenschaftlers Nikolai Dmitrijewitsch Kondratjew (auch Kondratieff) besagt, dass es langfristige Konjunkturschwankungen (ca. 50 Jahre Wellenlänge) gibt. Es sind Wirtschaftsphasen der Prosperität, der Innovation, die von Depressionen, wenn nicht sogar Kriegen, an ihren Enden begrenzt sind.

Nefiodow ordnet den Zyklen Innovationen zu, die zu den Weiterentwicklungen der Wirtschaft und der Prosperität ganzer Gesellschaften geführt haben. Die letzte Phase, an deren Ende wir seiner Meinung nach derzeit stehen, sieht Nefiodow als von der Informationstechnologie, der Kommunikation und der daraus entstandenen Globalisierung getragen.

Die Frage nach der Innovation, die dem nächsten Kondratjew-Zyklus zugrunde liegt, beantwortet er mit dem Hinweis auf Psychosoziale Gesundheit, Gesundheit und Wellness. Im Gesundheitsbereich streicht er vor allem das drastische Wachstum des alternativen Sektors heraus, der seit Jahren bereits mehr umsetzt, als der von den Krankenkassen finanzierte Sektor.

Den Schwerpunkt Psychosoziale Gesundheit hat Nefiodow eher als Wirtschaftszweig gesehen. Dass die Menschen in verstärktem Maß psychische Betreuung suchen, erscheint glaubhaft anhand der deutlich gesteigerten Akzeptanz des Themas in der Bevölkerung, was ja schon anhand der Neuerscheinungen am Buchmarkt erkenntlich ist.

Nun kann eine Volkswirtschaft aber nicht davon leben, dass sie sich schwerpunktmäßig mit ihrem eigenen Wohlergehen und Wohlbefinden beschäftigt, auch wenn es rein statistisch zu erwarten ist. Ich erlaube mir, die Gedanken Nefiodows in Richtung Produktivität zu verlängern.

Die Psychosoziale Gesundheit kann, wenn sie in Unternehmen richtig angewandt wird, zu einer Produktivitätssteigerung genutzt werden. Menschen, die gerne arbeiten, sind leistungsfähiger ohne sich mehr anzustrengen. Menschen, die sich nicht mit internen Querelen beschäftigen, haben mehr Zeit für produktive Arbeit und sind leistungsfähiger, weil sie gerne arbeiten. Fachleute schätzen, dass unzufriedene Mitarbeiter um 30% weniger Leistung bringen, dass Mobbing-Atmosphäre und innere Kündigung bis zu 70% der verfügbaren Leistung kosten.

Außerdem kündigen die guten Leute, und zurück bleiben die Ängstlichen, die „Opfer". Jene, die zwar arbeiten, aber nichts mehr bewegen. Wenn wir einerseits den humanitären Aspekt einer lebenswerten Arbeitswelt und andererseits den wirtschaftlichen einer notwendigen Produktivitätssteigerung sehen, dann schafft Psychosoziale Gesundheit eine Win-win-Situation für Menschen und Wirtschaft.

Was kommt gesellschaftlich auf uns zu?

a) Jugend ist selbstbestimmter, kritischer, innovativer, hat ausgeprägteren Unternehmergeist
b) Mittelalte Dienstnehmer haben sich mit Negativseiten abgefunden, sind aber eher vom Pflichtgefühl, als von Initiative getrieben
c) Ältere Mitarbeiter fühlen sich überbelastet, oft nicht mehr zugehörig, unmotiviert

Was können wir zu letzterem tun?

ad a) Raum schaffen für initiatives und befriedigendes Arbeiten,
ad b) Intensiv darum bemühen, dass Dienstnehmer ihre Arbeit wert schätzen und sie gerne verrichten,
ad c) Neue Einstellung zu älteren Arbeitnehmern entwickeln, Firmenkultur wandeln.

Nach einer Untersuchung aus dem Jahr 2006 (Kennon Sheldon, Univ. Missouri-Columbia und Christopher Niemiec, Univ. of Rochester, publ. in Journal of Personality and Social Psychology 8/2006) haben Mitarbeiter drei wesentliche Bedürfnisse:

1. Selbstbestimmt agieren können, autonom handeln
2. Kompetent sein, wirksam sein können
3. Eingebunden sein, sich zugehörig fühlen

Die ersten beiden Punkte sind Fachthemen. Wer gut ausgebildet ist, ist kompetent. Wer kompetent ist und verantwortungsvoll agiert, dem kann man autonomes Handeln zugestehen. Der dritte Punkt ist eine Frage der qualitätvollen Firmenkultur. Gedanken, wie man diese schaffen könnte, werden im Folgenden dargelegt.

Es ist jedoch mehr nötig, als diese drei Punkte. Wir wollen, dass Menschen Freude an der Arbeit haben und sich gegenseitig helfen. Ob Arbeit Freude macht oder als Belastung empfunden wird, hängt – abgesehen von widrigen Umständen – von der Einstellung des Arbeitenden ab. Mark Twain liefert in Tom Sawyer eine klassische Beschreibung zu diesem Thema:

Tom wird von Tante Molly dazu verdonnert, statt mit seinen Freunden zu spielen, den Zaun zu streichen. Tom gelingt es, das Zaunstreichen so attraktiv darzustellen, dass er aus der Erlaubnis den Zaun streichen zu dürfen ein Geschäft macht. Er sieht seinen Freunden zu wie sie an seiner Stelle den Zaun streichen, macht sich wichtig und verdient dabei noch etwas, statt das Gespött seiner Freunde geworden zu sein, was ursprünglich im Raum stand.

Das ist eine sehr bildhafte Darstellung der Worte von Epiktet: „Nicht wie die Dinge sind, ist entscheidend, sondern wie wir sie sehen."

Daraus ist der Schluss zu ziehen, dass es wichtig ist, die angestrebte Sicht der Dinge zu kommunizieren und überzeugend zu verkaufen. Das heißt, es ist wichtig, arbeitenden Menschen die mögliche Freude an der Arbeit zu zeigen, sie ihnen bewusst zu machen.

Bei einem Telefontraining zum Beispiel muss daher die Freude, einen Kunden gut beraten, betreut, informiert zu haben, explizit als schätzenswerter Erfolg mit vermittelt werden.

Die Freude am Erfolg der Gruppe ist ebenfalls ein Wert an sich. Das ist auszusprechen, das ist als Maßstab zu definieren. Es geht um eine neue Arbeits- und Firmenkultur. Diese sollte auch dazu beitragen, dass ältere Menschen gerne länger im Erwerbsleben bleiben. Siehe eine aktuelle Studie der Uni Wien im Auftrag des Zukunftsforums, Vorsitz NR Dr. Hannes Bauer[2].

Wie aber soll man diese Firmenkultur vermitteln?

Trainings in der Vergangenheit waren bestenfalls darauf aus, ein Verhalten zu automatisieren. Ob ein Schifahrer aber ins Tal schaut und schwingend mit Hüfknick hinunter fährt oder doch zum Hang schaut, liegt nicht nur daran, ob er etwas gelernt hat, sondern auch an seinem Wunsch, sich hinunter zu stürzen. Es liegt an der Emotion, an der Haltung des Menschen.

Wie sagte schon Antoine de Saint Exupéry: „Wenn du ein Schiff bauen willst, dann trommle nicht die Männer zusammen, um Holz zu beschaffen, Aufgaben zu vergeben und die Arbeit einzuteilen, sondern lehre die Männer die Sehnsucht nach dem weiten endlosen Meer".

Bisher hatte man durch Trainings den Menschen Verhalten antrainiert, die nicht ihre eigenen waren. Es waren quasi „aufgesetzte" Techniken, die sofort wieder verlassen wurden, sobald es nicht ganz glatt lief oder die gewohnte Umgebung wieder erlebt wurde. Das heißt, der trainierte Mitarbeiter war immer wieder den Einflüssen von Menschen ausgesetzt, die sein neues Verhalten nicht begrüßten, sondern bestenfalls tolerierten.

Es ist also eine Umgebung zu schaffen, in der eben dieses neue Verhalten als erstrebenswert angesehen wird. Eine Firmenkultur, zu der man dazu gehören muss, in dem man das positive

---

[2] www.zukunftsforum-oesterreich.at/

Verhalten annimmt. Es muss quasi ein sozialer Druck entstehen, positiv, froh und hilfsbereit zu agieren.

Der Erfolg von Trainings hängt nicht nur vom Trainer, sondern auch von der Haltung der Teilnehmer ab.

Wir können 3 Arten von Trainingsteilnehmern unterscheiden:

- Die erste Gruppe, das sind ca. 10%, die Neuem gegenüber aufgeschlossen sind.
- Die zweite Gruppe, das könnten weitere 50-60% sein, die zumindest nicht ablehnend sind, aber eigentlich eher keine Änderung wollen.
- Die dritte Gruppe, die eigentlich dagegen ist und daher von Haus aus kein Interesse hat.

Während des Trainings ist die Persönlichkeit des Trainers so stark, dass das Training kontrolliert und formal erfolgreich abläuft. Die dritte Gruppe war größtenteils auf Tauchstation.

Nach dem Training zeigt diese ihr Desinteresse, zieht einen Teil der zweiten Gruppe auf ihre Seite, stellt damit die Mehrheit dar; und diese Gesamtatmosphäre nimmt letztlich auch den Ersten die Freude an der Umsetzung. Der Gruppendruck ist negativ.

Um es nicht dazu kommen zu lassen, muss eine neue, positive Firmenkultur definiert werden.

Bevor man mit den Trainings in den unteren Ebenen beginnt, muss von der Spitze her die Zielsetzung, die Firmenkultur definiert und das Verhalten, das daraus resultiert, bewusst gemacht werden. Es muss im Management Einvernehmen bestehen, nicht primär eine Mitarbeiterschulung zu machen, sondern vielmehr eine Verbesserung der Firmenkultur vorzunehmen.

Das Management ist das Vorbild und beweist sich durch das Vorleben. Man kann nicht erwarten, dass Mitarbeiter sich gegenseitig ermuntern, wenn der Chef muffig um sich beißt und seine Position als „Alpha-Tier" im Sinne der Gruppendynamik missbraucht.

Da immer ganze Arbeitsgruppen gleichzeitig mit den Zielen, mit der neuen Kultur konfrontiert werden, kommen sie nach dem Training nicht in die „alte" Sozietät zurück. Sie haben sich ja in der Gruppe einvernehmlich zu der neuen Haltung bekannt. Der Chef kann sich darauf beziehen.

Diese Ziele könnten etwa lauten:

- Die Arbeitszeit ist ein so wesentlicher Bestandteil unseres Lebens, dass wir an unserer Arbeit Freude haben wollen.
- Unsere Kollegen haben das gleiche Recht, diesen Wunsch zu haben wie wir. Wir gehen mit ihnen respektvoll, freundlich und hilfsbereit um.
- Wir pflegen einen Umgang mit unseren Kunden, dass diese den Kontakt mit uns beispielhaft finden und sich freuen, wenn wir mit ihnen sprechen.
- Das wiederum ist für uns befriedigend.
- Wir sind stolz auf unseren Erfolg, der dazu beiträgt, dass wir in einem Unternehmen arbeiten, das seinerseits zunehmend erfolgreicher wird.

Das Vermitteln dieser Unternehmenskultur ist ein Schlüssel zur reibungsloseren und befriedigenderen Zusammenarbeit und dadurch ein kritischer Bereich.

Nach gängiger Methode veranstaltet man Trainings, spielt Fallbeispiele durch, macht Follow ups; und dann sitzen die neuen Menschen in den Unternehmen und das Problem ist gelöst. Wir wissen inzwischen, dass das in Wirklichkeit leider nicht funktioniert, nicht erst seit dem Erscheinen des Buches „Die Weiterbildungslüge" (Dr. Richard Gris, Campus Verlag). Wenn man es uns schon schriftlich gibt, dass Weiterbildung nichts bringt, dann stellt sich die Frage nach der Lösung.

Kennen Sie Bernhard Ludwig und sein Seminarkabarett? Das ist jemand, der auch im Theater oder Kabarett auftritt. Die Menschen zahlen dafür, dass er ihnen einen Zerrspiegel vorhält:

- Anleitung zur sexuellen Unzufriedenheit
- Anleitung zum Herzinfarkt
- Anleitung zum Diätwahnsinn

Er verkauft seinen Unterricht auf CDs. Warum ist der Mann so gut? Weil er Sachinformation mit dem Aha-Effekt verbindet. Und der Aha-Effekt ist das Ergebnis einer kognitiven Optimalbelastung (siehe Hypothese der Optimalbelastung von Herbert Laszlo). Deshalb macht es den Menschen Freude, ihn zu hören.

Deshalb werden seine Aussagen angenommen und bleiben auch in Erinnerung.

Die meisten überregional bekannten Vortragenden verfremden ihre Aussagen im Sinne einer optimalen Beanspruchung ihres Publikums. Diese optimale Belastung ist wichtig.

Für alle jene, denen die Laszlo'sche Hypothese der Optimalbelastung nicht so selbstverständlich und geläufig ist:

Jeder Mensch reagiert auf eine erfolgreich gemeisterte Herausforderung mit einem Glücksgefühl. Dabei ist zu beachten: Ist eine Herausforderung zu gering, wird sie nicht als solche gewertet. Das Stiegensteigen ist für einen normalen Menschen keine Herausforderung. Das Überspringen einer Hochsprunglatte schon. Dieses Maß ist also individuell, denn für einen

Rekonvaleszenten kann auch das Stiegensteigen ein Erfolg sein, der ihn glücklich macht.

Durch Überforderung kann man niemanden glücklich machen. Was soll der Rekonvaleszente mit der Hochsprunglatte? Das heißt, die Belastung muss für die betreffende Person optimal sein. Das Ziel muss nur unter echtem Einsatz erreichbar sein, aber es muss eben erreichbar sein.

Andere Menschen optimal zu belasten ist eine schwierige Aufgabe. Gute Sporttrainer können das. Sehr gute Vorgesetzte haben das immer unbewusst gemacht. Aber diese sind selten. Vorgesetzte in dieser Richtung zu sensibilisieren ist ein sehr komplexes Unterfangen, mit dem man sich in diesem Kreis sicher noch beschäftigen wird.

Zusammengefasst brauchen wir drei Säulen:

- die Unternehmenskultur, um die Haltung zu verbessern, um Arbeitsfreude zu einem akzeptierten Ziel zu machen;
- die wirksameren Vermittlungsmethoden von Wissen und Einstellungen
- und Führungskräfte, die sich als Trainer ihrer Mitarbeiter fühlen

Dass das möglich ist, zeigt folgendes Fallbeispiel:

Vorgeschichte

Im Zuge von Rationalisierungsmaßnahmen hat der damalige Marktführer der High Tech Distribution Kunden an Mitbewerber verloren; das Unternehmen rutschte auf den dritten Platz ab. In der Folge wurde der Geschäftsführer im August 2005 verabschiedet.

Sein Nachfolger wurde dessen rechte Hand, der langjährige Marketing-Direktor. Seit 2007 ist das Unternehmen bereits wieder die Nummer 2 in der Branche.

Maßnahmen

Da alle Distributoren im Wesentlichen „gleich" waren, hatte der neue Geschäftsführer nur eine Chance: die Qualität der Kundenbetreuung zu steigern.

Da der Kundenkontakt schwerpunktmäßig über Online-Bestellungen läuft, ist es für das Bild des Unternehmens im Kopf des Kunden entscheidend, wie angenehm die wenigen Telefonate sind, die dieser führt, wie hilfsbereit, interessiert, freundlich und zuvorkommend der Telefonkontakt verläuft. Frustrierte Mitarbeiter können das nicht. Nur Menschen, die gerne arbeiten und sich wohl fühlen, denen ihr Job Spaß macht.

- Er trennte sich von Mitarbeitern, die eine innere Kündigung vollzogen hatten

- Er setzte auf ebenso kompetente wie frohe neue Menschen (Mitarbeiter(innen)).

- Seinem nunmehrigen Team offerierte er sofort Verkaufstrainings- und Produktschulungen auf freiwilliger Basis. Kostenlos, aber zum Teil in der Freizeit.

- Statt der früheren Sekretärin, welche die Personalagenden nebenbei mitbetreute, setzte er eine Akademikerin mit psychologischer Ausbildung als HR-Manager ein.

- Im Jahr 2006 wurden zusätzlich zu Verkaufstrainings auch Schulungen in Kommunikation angeboten, die von 2/3 der Mitarbeiter gerne angenommen wurden. Inzwischen haben 90% an Kommunikationsschulungen freiwillig teilgenommen.

- Im Jahr 2007 wurden die Trainings zu den Themen Konfliktmanagement, Teambildung und Führungskräftetraining angeboten.

- Der neue GF übersiedelte das Unternehmen im 20. Jahr seines Bestehens in ein neues attraktives Gebäude. Die Mitarbeiter sollten sehen, dass sie ein schönes, neues Büro wert waren.

- Alle Mitarbeiter, die nicht zwangsläufig immer anwesend sein müssen, können von zu Hause aus arbeiten und entscheiden selbst, wann sie im Büro sind.

- Über jeden neuen Mitarbeiter wurde und wird eine Personalmeldung an die Presse gesandt.

- Offene Information: Statt Gerüchte zu nähren, werden Rundschreiben an alle geschickt. Neue Mitarbeiter werden intern mit Foto angekündigt.

- Jeden Monat wird ein Mitarbeiter (eine Mitarbeiterin) des Monats gewählt. Das Bild wird beim Empfang aufgehängt, so dass jeder Eintretende es sehen kann.

- Das Entgegenkommen im Sinne einer angemessenen Work-Life Balance wird so weit wie möglich geübt.

Nicht immer funktioniert ein solches Umkehr-Szenarium mit Menschen, die bereits im Unternehmen vorhanden sind. Das entsprechende Wissen von außen zu liefern, halte ich für meine vornehmste Aufgabe.

Dr. Herbert Laszlo

Glück und Wirtschaft - Die neuesten Erkenntnisse

In den jüngsten Monaten entwickeln sich Glücksforscherinnen und Glücksforscher mehr und mehr zu Pausenclowns. Gerne lädt man sie ein zu Diskussionen oder Gastreferaten. Voraussetzung ist, dass sie mit ihren Aussagen nicht zu sehr zum Umdenken anregen. Sie sollen das Hauptthema der jeweiligen Veranstaltung nicht stören.

Ich weiß nicht, ob ich mich über das steigende Interesse an der Glücksforschung freuen soll, oder ob eher der klassische Spruch der Tante Jolesch angebracht ist: Gott soll uns vor allem behüten, was gerade noch ein Glück ist.

Da ist das heutige Symposion eine angenehme Erfahrung. Hier darf ich vor Leuten sprechen, die wirklich wegen des Themas „Glück" anwesend sind. Ich bin hier nicht nur Pausenclown.

Konkret geht es um die Frage, wie Glück und Glücksforschung zu mehr Erfolg und mehr Leistung beitragen können. Glück als Königsweg zum Erfolg. Doch da bekomme ich ein Problem.

Wer sich mit Glücksforschung wirklich von allen Seiten beschäftigt, kommt um die klassische Philosophie nicht herum. Auch Aristoteles hat sich mit Glück beschäftigt. Er definiert Glück als das, was wir um seiner selbst willen anstreben und nicht als Mittel zu einem anderen Zweck.

Können Sie sich vorstellen, wie er sich im Grab umdreht, wenn wir hier von Glück als Mittel zum geschäftlichen Erfolg reden? Auf jeden Fall müssen wir uns auf Widerspruch der Glücks-Philosophie vorbereiten, wenn wir über Glück und Wirtschaft reden.

Aber worüber soll ich dann reden, wenn doch die Glücksforschung so voller Widersprüche ist? Ich mache Ihnen einen Vorschlag für den Aufbau meines Referates:

1. Wirtschaft
2. Glück
3. Glückswirtschaft
4. Aktuelle Fälle
- Profil Titelstory 15.9.
- The Secret
5. Zusammenfassung

1. Wirtschaft

Es gibt viele Definitionen des Begriffs Wirtschaft oder Ökonomie, ernste und heitere. Die bösartigste lautet: Ein Ökonomist ist der einzige Mist, auf dem nichts wächst.

Gemeinsam ist diesen Definitionen eine gewisse Hilflosigkeit. Wir wissen immer noch nicht, wer oder was die Wirtschaft steuert. Die jüngste Krise in den USA zeigt, dass dies auch für jene Leute gilt, die an den Schalthebeln der Wirtschaftspolitik sitzen.

Ich halte dem aus der Sicht der Glücksforschung die folgende Definition entgegen, die ich in einem noch nicht veröffentlichten Buch vorstellen werde und die ich heute erstmals öffentlich mitteile:

Wirtschaft ist die Resultierende der unvollkommen kommunizierten und unvollkommen koordinierten Bestrebungen der Menschen nach individuellem und kollektivem Glück.

So, jetzt bin ich Ihnen eine ganze Reihe von Erklärungen schuldig.

Den Begriff der „Resultierenden" habe ich aus der Mathematik entliehen. Man bezeichnet damit jene Bewegung, die entsteht, wenn mehrere Kräfte in unterschiedlicher Stärke und Richtung an einem gemeinsamen Punkt angreifen. In der Wirtschaft bedeutet dies, dass sich der Markt nicht in jene Richtung bewegt, in der ein einzelner Mensch ihn bewegen will, sondern in die Richtung, die sich aus allen Entscheidungen jener 6,5 Milliarden Menschen ergibt, die auf den Markt einwirken. Diese Bewegungen können überraschend stark oder überraschend schwach sein, je nachdem, welche Kräfte einander verstärken und einander aufheben. So entsteht der Eindruck einer Verschwörung, die den Markt bewegt. Je nach persönlicher Einstellung werden die einen oder die anderen Menschen verdächtigt, dieser Verschwörung anzugehören. Niemandem scheint aufzufallen, dass wir alle diese „Verschwörung" bilden, indem wir wirtschaften.

Nehmen wir nur eine Reise in die USA. Jede einzelne Person entscheidet, ob sie ihre Euro vorab in Dollar wechselt oder zuwartet. Diese kollektive Meinung über die Entwicklung des Kurses ist viel, viel stärker als die Finanzkraft der berufsmäßigen Spekulanten. Diese können nur versuchen, die Bewegung der Wirtschaft zu erraten; und sie irren sich oft genug.

2. Glück

Wenn wir Wirtschaft als eine Folge des Strebens nach Glück definieren, dann müssen wir uns fragen: Was ist Glück? Mit dieser Frage kämpfe ich schon ein halbes Jahrhundert lang. 2005 habe ich im großen Buch vom Glücklichsein geschrieben, Glück sei ein Gefühl.

Ich wusste mich damit im Einklang mit der Positiven Psychologie aus Amerika. Auch hier wird Glück als Gefühl ge- und behandelt.

Nach dieser Theorie ist Glücksforschung eine einfache Sache. Gefühle lassen sich nämlich manipulieren, auch in Richtung der Glücksgefühle. Die älteste Gefühlstheorie stammt noch aus dem 19. Jahrhundert vom Psychologen William James. Dieser ist ein Schüler des Leipziger Professors Wundt. Da aber die Amerikaner alles erfunden haben, gilt er in den USA als Schöpfer der Psychologie. James sagt, Gefühle entstehen durch die entsprechende Körpersprache. Überliefert ist sein Ausspruch: „Ich weine nicht, weil ich traurig bin, sondern ich bin traurig, weil ich weine."

Was liegt da näher, als den Satz umzudrehen: „Ich bin glücklich, weil ich lache." Das ist die Basis des Lach-Yoga, der auch in Österreich gewerblich angeboten wird. Das Gute daran ist: Er funktioniert. Auch wenn ich grundlos lache, erzeuge ich positive Gefühle.

Aber die Gefühlstheorie geht weiter. Stanley Schachter hat mit seinem Team experimentell nachgewiesen, dass Gefühle davon abhängen, was wir denken. Er hat Gruppen von Studierenden in gleichartige Situationen gebracht. In eine Gruppe schmuggelte er einen positiven Animator ein, in die andere einen negativen. Sie werden leicht erraten, welche Gruppe nachher glücklicher war. Diese wissenschaftlich abgesicherte Erkenntnis ist die Basis der Schule des positiven Denkens. Diese sagt nichts anderes, als dass es nicht auf unsere Situation ankommt, ob wir glücklich sind, sondern darauf, was wir uns dabei denken. Auf die Grenzen und Probleme dieser Schule komme ich später anhand der Titelstory des Profil vom 15. September zu sprechen.

Relativ jung ist die Lehre von den Spiegelneuronen, die ein italienischen Team rund um Giacomo Rizzolatti entdeckt hat. Spiegelneuronen sind Teile unseres Nervensystems, die uns in die Lage versetzen, Gefühle von Menschen, die wir beobachten, mitzufühlen. Daraus entwickelte sich die Lehre, man möge doch aufhören, dem Glück nachzujagen, sondern lieber andere Menschen glücklich machen und sich über die Spiegelneuronen an deren Glück freuen. Auch diese Lehre stößt allerdings an ihre Grenzen, wenn der Neid ins Spiel kommt. Der sozialdemokratische Glücksforscher Richard Layard widmet eine eigene Theorie diesem Neid und seinen Wirkungen. Er fordert eine Bestrafung der Tüchtigen, weil sie die Untüchtigen neidisch und damit unglücklich machen.

Die positive Psychologie, die Glück als Gefühl definiert, bietet also ein funktionierendes System, auf dem man gewerbliche Angebote der Glücksberatung aufbauen kann, die sogar sehr wirkungsvoll sind. Wo liegt da der Haken? Schon als ich „Das Große Buch vom Glücklichsein" schrieb, war mir bewusst, dass es da einen Widerspruch gibt. Warum fahren Leute freiwillig mit der Geisterbahn und zahlen auch noch dafür? Ich nannte dies das Geisterbahn-Paradox. Heute habe ich mich von der Definition des Glücks als Gefühl gelöst und definiere:

Glück ist ein Gemütszustand, gekennzeichnet durch den Wunsch nach Fortdauer, wenn er erlebt, und den Wunsch nach Wiederkehr, wenn er erinnert wird.

Das bedeutet, dass dieser Gemütszustand auch mit negativen Gefühlen entstehen kann. Wäre das nicht so, dann würde niemand eine Eintrittskarte für ein Trauerspiel kaufen. Aber wie entsteht dieser Gemütszustand? Diese Frage, die für das Gewerbe des Glücklichmachens entscheidend ist, habe ich ebenfalls gelöst.

Glück entsteht durch eine Beanspruchung, die der Belastbarkeit des Menschen in optimaler Weise entspricht.

Ich nenne das die optimale Beanspruchung. Diese optimale Beanspruchung ist es, die uns ein Trauerspiel besuchen lässt, auch wenn wir dabei weinen, die uns im Prater mit der Hochschaubahn fahren lässt, auch wenn wir uns dabei fürchten, und die uns dazu bringt, eine Eintrittskarte in die Geisterbahn zu kaufen.

Ein Beispiel für den gewerblichen Einsatz der optimalen Beanspruchung gibt es in der amerikanischen Stadt Seattle. Dort hat ein Japaner sein Fischgeschäft vor dem drohenden Konkurs gerettet, indem er aus dem Verkaufen eine Show machte. Bald kamen die Leute nur, um die Show zu sehen – und hatten dann natürlich an diesem Tag Fisch auf dem Speisezettel. Es ist nicht jedermanns Sache, sein Geschäft in ein Showbusiness zu verwandeln. Aber jeder gute Verkäufer, jeder gute Chef, verdankt einen Teil des Erfolges dem Talent, andere Menschen optimal zu beanspruchen.

Was ich Ihnen heute für Glück und Gewerbe mitgeben kann, ist das Wissen um diese Gesetzmäßigkeit. Wundern Sie sich nicht länger, warum ein grantiger, fordernder Chef die besten Mitarbeiter bekommt und behält, auch wenn sich diese über ihn beschweren. Er beansprucht sie eben optimal. Dasselbe gilt für den grantigen Verkäufer, der trotzdem tolle Umsätze macht. Er vermittelt keine Glücksgefühle, sondern er macht durch optimale Beanspruchung glücklich.

3. Glückswirtschaft

So gesehen ist unsere gesamte Wirtschaft eine „Glückswirtschaft". Solange niemand gezwungen ist, bei einem bestimmten Geschäft einzukaufen oder für einen bestimmten Arbeitgeber zu arbeiten, werden nur jene Unternehmen überleben, die Kundschaft und Belegschaft optimal beanspruchen. Die Psychologin Anne Schüller sagt, man könne niemandem etwas verkaufen, was diesen nicht glücklich mache. Diese Theorie wendet sie auch auf die Personalführung an. Man kann mit großen Versprechungen zwar gute Leute gewinnen. Aber halten kann man sie nur, indem man sie glücklich macht.

Dieses Glücklichmachen geschieht aber nicht mit freundlicher Anbiederung. Es kann durchaus auch Klartext gesprochen werden, sowohl gegenüber Kundschaft, als auch gegenüber Belegschaft. Wichtig ist die optimale Beanspruchung. Das Problem liegt darin, dass die Belastbarkeit nicht gleich bleibt. Im Laufe eines Gespräches sinkt sie durch Ermüdung. Darum werde ich mein Referat auch beenden, bevor Sie müde sind und mir nicht mehr zuhören. Nach einer Erholungspause steigt die Belastbarkeit dann wieder an, und zwar nicht nur auf ihren ursprünglichen Wert, sondern etwas höher. Im sportlichen Training nennt man das „Überkompensation". Wenn die Erholungszeiten richtig bemessen werden, entsteht daraus ein Trainingseffekt. Genau dieser Effekt entsteht aber auch in der Wirtschaft. Wenn Sie Ihre Kunden begeistert halten wollen, dann müssen Sie sich immer wieder neue Dinge einfallen lassen, mit denen Sie sie beanspruchen.

Das ist das Wesen des Marketing: Nicht immer dasselbe machen, sondern immer wieder neue Ideen und damit neue Beanspruchungen bieten, und zwar nicht nur in der Werbeaussage, sondern in jeder Form des persönlichen Kontaktes. Die Damen der Gesellschaft haben diese Gesetzmäßigkeit intuitiv erkannt, wenn sie uns immer wieder mit anderen Kleidern, einer anderen Frisur oder auch einer anderen Haarfarbe überraschen.

4. Aktuelle Fälle

Zum Abschluss meines Referates gehe ich auf aktuelle Fälle ein, in denen die Glücksforschung ins Kreuzfeuer der Kritik gekommen ist.

4.1. Das Magazin profil brachte am 15. September 2008 eine Titelgeschichte über das Gewerbe der Lebens- und Sozialberater. Titel: „Das faule Geschäft der Lebenshilfe-Ratgeber."

Der Fernsehsender Puls 4 hat mich eingeladen, neben dem Fachgruppenobmann der Allgemeinen Fachgruppe des Gewerbes Leo Klimt einen fachlichen Kommentar zu diesen Angriffen abzugeben. Diesen will ich Ihnen nicht vorenthalten.

Aufhänger der Story war die Geschichte eines Mannes, dem eingeredet worden war, er könne mit positivem Denken den Erfolg erzwingen. Das Ergebnis war, dass er den Erfolg „visualisierte", sich also das Ende des Weges vorstellte, aber auf die Voraussetzungen dieses Erfolges vergaß. Es bedurfte einer psychiatrischen Behandlung, ihm nach einigen wirtschaftlichen Fehlschlägen wieder den Kontakt zur Realität zu geben.

Das ist der Fall, auf den ich bei der Beschreibung des Positiven Denkens hingewiesen habe. Nicht immer ist der Realitätsverlust so dramatisch, dass man ärztliche Hilfe braucht. Aber das Positive Denken ist kein Ersatz für die optimale Beanspruchung.

4.2. Der Bestseller, der sich The Secret (das Geheimnis) nennt, beruft sich überhaupt auf übernatürliche Kräfte, deren Anrufung den Erfolg herbeizwinge. Die Journalistin Alexandra Bruce hat die religiösen Wurzeln dieses an ein Sektenwerk erinnernden Buches erforscht und in einem eigenen Buch die „Secret Story" auch in deutscher Sprache veröffentlicht.

Aus der Sicht der Glücksforschung richten Bücher wie The Secret und Gurus, die Positives Denken predigen, immensen Schaden an. Ihnen sind folgende Dinge vorzuwerfen:

- Sie verleiten Menschen dazu, dem Glück „nachzulaufen", anstatt andere Menschen glücklich zu machen. Nun zeigt aber die Erfahrung, dass man sich nicht selbst optimal beanspruchen kann, weil dadurch ein Netzwerk von Beanspruchungen entsteht, das sich der bewussten Steuerung entzieht.

- Sie machen die Techniken des Positiven Denkens zum Kern einer einseitigen Lehre, die zu gefährlichem Realitätsverlust führen kann.

5. Zusammenfassung

5.1. Glückswirtschaft besteht darin, andere Menschen glücklich zu machen. Dafür gutes Geld zu kassieren, ist nicht unmoralisch. Im Gegenteil. In der Warenwirtschaft haben wir längst den Tauschhandel durch Geldwirtschaft ersetzt. Warum sollen wir bei der Aufgabe, einander glücklich zu machen, auf der primitiven Stufe des so genannten „Barter-Verkehrs", des bargeldlosen Handels im Tausch, verbleiben?

5.2. Glückswirtschaft schafft eine Win-win-Situation. Wenn sie gut organisiert ist, wird sowohl die Kundschaft glücklich, als auch das liefernde und beratende Gewerbe. Letzteres sogar doppelt, über das Geld und über die erwähnten Spiegelneuronen, also die Mitfreude mit der glücklichen Kundschaft.

5.3. Der Zukunftsforscher Matthias Horx schreibt in seinem Zukunftsletter von Oktober 2008, die Wirtschaft der Zukunft werde auf Cultural Industries, also Kultur-Wirtschaft, beruhen. Hier irrt er meiner Meinung nach. Die Wirtschaft der Zukunft wird auf den Ergebnissen der Glücksforschung beruhen und noch mehr eine Glückswirtschaft sein, als sie das heute schon ist. Aus der Glücksforschung entsteht das, was man eines Tages den bereits von Herrn Hellepart erwähnten sechsten Kondratieff-Zyklus nennen wird.

Ich danke für Ihre glücklichen Gesichter, die auch mich glücklich machen, und verspreche Ihnen, bis zum nächsten Jahr neue Forschungsergebnisse zu erarbeiten.

Spillern - eine Heimat für das Glücklichsein

Univ.-Doz. Dr. Karl Sablik, heuer zum zweiten – und hoffentlich nicht letzten – Mal Gastgeber des IFEG-Symposions, ist seit 1975 Bürgermeister der Gemeinde Spillern. In den 33 Jahren seines Amtes hat er die Infrastruktur wesentlich ausgebaut. Die von seinem Vorgänger übernommene intakte Kanalisation ergänzte er um ein Wasserleitungs-System, ein Feuerwehrhaus und ein modernes Gemeindezentrum, das heute das IFEG-Symposion beherbergt.

Dozent Dr. Sablik, Direktor der NÖ Landesakademie, ist langjähriges Mitglied des IFEG. Von dort kam im Gegenzug ein Text für „Das große Buch vom Lebensstil"[3], für das er als Herausgeber verantwortlich ist.

Süßester Ort Österreichs

Auch industriell hat Spillern mit Glück zu tun, soweit man Schokolade als Glücksbringer ansieht. Die Firma Auer erzeugt hier Baumstämme und Tortenecken, die Firma Blaschke macht Kokoskuppeln. Sablik dazu: „Wir sind einer der süßesten Orte Österreichs."

Glücklich in die Zukunft

Das IFEG hofft, in Spillern noch viele Jahre eine Heimstätte für die europäische Glücksforschung zu finden, und dankt für die Gastfreundschaft dieser Gemeinde. Vor allem die leichte Erreichbarkeit von Wien aus, wahlweise mit der Schnellbahn oder über die Nordautobahn, macht Spillern zu einem idealen Veranstaltungsort.

Dr. Herbert Laszlo

---

[3] Sablik / Kunze / Wehle / Egger (Hg.): Das große Buch vom Lebensstil, Böhlau, Wien 2006, ISBN 3-205-77417-5.

Autorinnen und Autoren

Majda Moser ist ausgebildete Körpertherapeutin, Lebens- und Sozialberaterin und Autorin des Buches „Zurück zur Freude – statt einsam wieder lebensfroh".

Majda Moser, Bioenergetische Behandlung, Sechsschimmel-gasse 4/9, 1090 Wien – E-Mail: mail@bioenergetik.at
Tel.: (01) 310 13 33, Fax: (01) 319 60 03
Homepage: www.bioenergetik.at   ·

Petra Monika Ruschp ist diplomierte Lebens- und Sozialbera-terin.

Petra Monika Ruschp, Dipl. Lebensberaterin, 1130 Wien
Tel.: 0650 654 86 18
Homepage: www.rauf-und-kuschelparty.at

Dieter W. Hellepart ist Berater mit Erfahrung als erfolgrei-cher Geschäftsführer.

Dieter W. Hellepart, Haberlgasse 37, 1160 Wien,
Tel. (01) 49 55 999 – E-Mail: dieter@hellepart.org

Dr. Herbert Laszlo beschäftigt sich seit 1956 mit der Glücks-forschung. Er ist Gründer und Schriftführer des IFEG – Institut für europäische Glücksforschung.

Dr. Herbert Laszlo, Schriftführer, IFEG – Institut für europäi-sche Glücksforschung,1020 Wien, Lessinggasse 21

Tel.: (01) 213 22+0, Fax: +200 – E-Mail: info@laszlo.at
Homepage: www.optimalchallenge.com